色彩的记忆

——南阳陈棚汉代彩绘画像石墓

凌皆兵 主编

王清建 李真玉 徐颖 副主编

中原出版传媒集团
中原传媒股份公司

大象出版社
·郑州·

图书在版编目(CIP)数据

色彩的记忆：南阳陈棚汉代彩绘画像石墓／凌皆兵
主编.— 郑州：大象出版社，2018.3
　　ISBN 978-7-5347-9607-4

　　Ⅰ.①色… Ⅱ.①凌… Ⅲ.①画像石—南阳—汉代—
图集 Ⅳ.①K879.422

中国版本图书馆 CIP 数据核字(2017)第 310642 号

SECAI DE JIYI

色彩的记忆
—— 南阳陈棚汉代彩绘画像石墓

凌皆兵　主编

王清建　李真玉　徐　颖　副主编

出 版 人　王刘纯
责任编辑　石更新
责任校对　安德华
装帧设计　张　帆

出版发行　大象出版社(郑州市开元路 16 号　邮政编码 450044)
　　　　　发行科　0371-63863551　总编室　0371-65597936
网　　址　www.daxiang.cn
印　　刷　郑州新海岸电脑彩色制印有限公司
经　　销　各地新华书店经销
开　　本　787mm×1092mm　1/16
印　　张　14.25
版　　次　2018 年 3 月第 1 版　2018 年 3 月第 1 次印刷
定　　价　98.00 元

若发现印、装质量问题,影响阅读,请与承印厂联系调换。
印厂地址　郑州市文化路 56 号金国商厦七楼
邮政编码　450002　　　　　　电话　0371-67358093

前言

南阳是我国汉代画像石四大出土地区之一，半个多世纪以来，这里出土了大量的画像石。据粗略统计，全市总共出土画像石约 3000 块。汉画像石题材广泛，内容丰富，涵盖汉代社会的方方面面，而汉代又是我国民族特性的形成阶段，所以汉画像石反映的从西汉中期到东汉末年长达三个世纪的民族文化是一种纯粹的汉民族文化现象，对认识汉民族文化的特质因绝无仅有而弥足珍贵。

彩绘汉画像石是伴随着汉画像石的出现就有的，但是，由于画像石深埋地下多年，受地下水、土壤等影响，出土时颜色褪变剥落严重，再加上彩绘画像石出土后缺乏有效的保护措施，因而在出土后很快褪色；彩绘画像石在色彩褪去后并不影响图像的内容，它不像壁画，色彩和内容紧密相连，色彩的丢失伴随着内容的丧失。故而发掘画像石墓时，人们的注意力大多集中在墓葬形制、图像内容等方面，往往忽略对彩绘的研究。

直到 2001 年冬天，南阳陈棚彩绘画像石墓科学发掘，由于该墓色彩丰富，施彩画像石数量多，出土时画像石彩绘保存较好，给人眼前一亮的感觉。对彩绘画像石墓的研究又一次进入研究者和爱好者的视线。

由于工作需要，2012 年 5 月，南阳汉画馆对陈棚彩绘画像石墓的全部画像石重新进行整理。拿着发掘报告核对每块画像石时，我们深为发掘者的敬业精神和专业水平所折服，他们细致完整地把每块彩绘画像石的施彩部位、施彩种类、发掘现状进行了记录。面对画像石上残存的斑斑点点的彩绘颜色，我们一方面为色彩难以保存感到遗憾，另一方面也为发掘者提供的这份科学翔实的记录感到庆幸，幸而有这份科学的发掘报告，让我们重新领略了墓葬发掘时画像石的缤纷色彩。于是，我们萌生了一个想法：壁画可以用颜料色彩进行修复，让其绚丽的本色再现于世人面前，画像石虽然不能在原石上进行施彩恢复原样，但我们可以在拓片上还原它本来的面貌，让更多的研究者和参观者能有一个更加直观和形象地感受汉代彩绘画像石的机会，了解汉代彩绘画像的色彩运用及所传达的文化信息。这个想法得到了馆领导的重视和支持，于是就有了随后工作的展开。

2013 年 11 月，馆里组织工作人员对陈棚彩绘画像石墓进行彩色拓制，经过大家反复的探索论证和一遍遍的尝试，最终完成了这项工作。在拓制的过程中，我们的宗旨是严格按照陈棚彩绘画像石墓的发掘报告所记录的原始的施色情况进行拓制，这样可以为研究者提供画像石真实的色彩信息。由于当时条件所限，并不是每幅彩绘画像石都留下了施彩时的照片，在实际工作中也出现了一些问题，就是一些施彩的细部无法确定。针对这些情况，我们采取的应对措施是：对发掘报告描述和原石对照无异议的画面，我们严格按照文字描述施色；对文字描述稍有含糊，但有彩绘照片可以比对的画面，仔细地按文字描述和照片比对，得到确认后施色；对文字描述和原石对照后仍旧不清楚的画面，比如文字描述面部和颈部，领口、袖口和衣服的相接部分施色不同，但原石并没有刻出面部和颈部以及领口、袖口和衣服其他部分的分界线，而且没有照片可以比对，我们就无法确定不同颜色的分界，在这种情况下，我们按照现今的常规理解进行施色。

对汉代画像石墓的研究已经经历了漫长的过程，从最初的图像的考释到同类题材内容的综合比较研究，这些工作都是在汉画研究领域开展得最为基础的工作，也取得了很多成果。随着时间的推移，研究方法也逐渐增多和改进，如考古类型学及艺术功能学等研究方法应用到了汉画像石墓和画像石的研究，对汉代画像石的研究进入更加全面和深入的阶段。我们需要全面地把握汉画像石墓的信息，才能得到比较客观的结论，而彩绘画像也是画像石墓的一部分。色彩在汉代人的社会生活中扮演着重要角色，有许多实用功能和象征意义，它在墓葬中所蕴含的意义也不应忽略。我们对汉代彩绘画像石墓的研究也是刚刚起步，许多问题尚待深入探讨。我们在此将一些初步成果汇集成书，目的是起到抛砖引玉的作用。在本书的编写过程中，我们深感力不从心，由于知识浅薄、资料有限，再加上时间紧迫，在文字和图版等方面难免会有许多错谬的地方，在此望广大专家学者能够给予指正。

目录

汉代墓葬彩绘概述

地球原本就是一个色彩缤纷的世界,从混沌时期开始人类就被多彩的世界所包围,在漫长而艰辛的进化过程中,人类接触色彩、感知色彩,并运用色彩来美化、装饰自己的生活。

在原始社会,人们很早就将色彩用于自己的生产和生活中。1965 年,我国学者在阿勒泰山及天山、昆仑山所见的洞窟赭红色彩绘,主要是表现先民的原始崇拜和集体狩猎的彩绘图画和抽象的符号。这些原始艺术家的创作,绝不是为了展示对美和艺术的追求,而是基于现实的迫切需要进行的有强烈功利目的的作为。据专家考证,这些彩色岩画有很大一部分是旧石器时代晚期的遗存。19 世纪以来,法国、西班牙已经发现的 100 多处洞窟绘画大多深藏在人迹罕至的洞穴深处,画面为赭红、黑色彩绘的水牛、野牛、马等动物被投枪、长矛刺杀的图像,时代在距今 40000 年至 15000 年前。这些发现于欧洲的洞窟彩绘与我国新疆阿勒泰山岩洞中的彩绘有不少相同之处:以赭红色颜料涂绘动物形体或以色线勾勒动物轮廓线,图像均置于岩洞之中,围猎方法是使用投枪、长矛等[1]。这些都说明在世界范围内,旧石器时期,先民们已经开始认识和使用色彩,用线条和色彩来表达他们的意愿、诉求及情感。

到了旧石器时代晚期,色彩的运用就更加广泛。在北京周口店山洞发现的"山顶洞人"(约 18000 年前)的遗物中,除石器、骨针外,还发现了一些作为染料用的赤铁矿的碎块和碎粒、一些用赤铁矿染红的椭圆形砾石。这些东西体现了一定的装饰作用,也许还有别的意图。

在六七千年前的新石器时代,我们的祖先就

掌握了运用赤铁矿粉作染料的技术；在我国和世界各地，先民创造了不少反映生活、劳动场景的岩画；7000 年前的我国河姆渡文化遗址就曾出土有髹漆的木碗；五六千年前的西安半坡仰韶文化时期就发现有以人面鱼纹为装饰图案的彩陶盆；四五千年前的马家窑文化时期，更是发现有人物轮廓形象的舞蹈纹彩陶盆。

在先民的祭祀活动中，后人曾发现用色彩图案来绘制祭祀场所的墙壁，在属于 5000 年前的辽西红山文化的牛河梁女神庙中，就曾发现有壁画残块，这些残块上有赭红色的勾连纹、赭红间红白交错的三角纹等几何形纹饰 [2]；在宁夏固原麻黄剪子距今 4000 年前的新石器时代齐家文化遗址中也发现用红彩绘制的几何纹壁画残片 [3]；在甘肃秦安大地湾也曾发现仰韶文化晚期的地画 [4]。这些绘画和彩陶盆上的舞蹈纹饰以及少数民族地区的岩画一样，都从不同角度反映了原始氏族社会的生活习俗以及对色彩的运用。

人类长期生活在大自然多姿多彩的环境中，逐渐形成了对色彩的视觉认识系统和视觉的心理感知系统，在长期的社会实践中逐步对色彩发生兴趣并对色彩产生审美意识。随着历史的进步，人们对色彩的认识更加地深入广泛和系统化。随着社会政治和文化的发展，色彩也不再是简单直观的具体形象的承载，它被附会了许多人文的东西，审美的社会性内容逐渐增多，逐渐从利用色彩勾勒图案装饰和简单勾画形象发展为图绘人物及活动的内容。

一、汉代墓葬彩绘的前奏

汉代墓葬彩绘是在先秦的基础上发展而来的。进入奴隶社会以后，由于绘画在礼仪教化方面发挥着越来越重要的作用，绘画受到统治者的重视，得到了较快的发展，"画"被广泛应用到了墙壁、章服以及青铜器、玉器、牙骨雕刻、漆木器等建筑、服饰及器物之上，作为观赏、玩乐和宣扬礼制的手段。据西汉刘向在《说苑》中的记载，商纣时期就有"宫墙文画"了，这是我国关于宫廷壁画的最早记录。1975 年，在河南安阳小屯一商代建筑遗址内发现大量经火烧过的夯土块和草拌的泥块，其中草拌泥块表面涂一层类似细沙的合成物作基石，上涂白灰面。其中一块残片长 22 厘米、宽 13 厘米、厚 7 厘米，在白灰墙皮上绘有红色花纹和黑色圆点纹，纹饰似由对称的图案组成，线条较粗，转角圆钝，应为某一装饰主题中的辅助性花纹。这一发现有力证明：我国商代建筑物已经有了壁画装饰，是我国目前为止建筑物上有壁画装饰的最早例证 [5]。周代，周天子用于祭祀和会见各地诸侯的明堂、宫殿和诸侯公卿的王府祠庙也绘制了大型的壁画。据

《孔子家语》记载，春秋时，孔子在周代的明堂"睹四门墉，有尧舜与桀纣之象，而各有善恶之状、兴废之诫焉。又有周公相成王，抱之负斧扆，南面以朝诸侯之图焉"。孔子对于这种在公众场合宣扬周公功德、记录国家兴衰的图画十分欣赏，他称赞西周善于利用壁画这种手段来宣扬礼制，感慨道："此周公所以盛也夫。"战国时期，楚国的先王也在祖先之庙及公卿祠堂里图绘天地、山川、神灵、圣贤等，伟大诗人屈原在被放逐时曾置身其中，面对壁画发出一连串的追问，他在著名诗篇《天问》中用文字的形式再现了壁画的壮美奇异。晋文公为了表彰在他潦倒时与他共患难的介子推，图绘他的形象，《韩非子·用人篇》记载："昔者，介子推无爵禄而义随文公，不忍口腹而仁割其肌。故人主结其德，书图著其名。"这是用图绘当时有功之人的较早记录，从韩非子另外有关图绘当时人物的言论看，那时图绘有功之人是一种普遍现象。

秦汉以前，绘画长期依附于工艺美术，人们对绘画所能起到的巨大作用还认识不足。秦汉时期，人们充分认识到绘画在反映现实生活方面比建筑、雕刻、书法等工艺美术都更直接而强烈，并且制作方便，表现力丰富。因此，那时的统治者大多高度重视绘画，将绘画作为自己的统治手段之一，故而秦汉时期的绘画得到了长足的发展。秦朝在统一六国的过程中，仿效六国的宫殿建筑，修建咸阳都城，里面有许多壁画，为秦国的统一战争立传，为秦朝的统治树威。令人惋惜的是，文献中记载的秦以前的壁画，由于历史久远、战争破坏及王朝更迭频繁而荡然无存。1959 年以来，考古工作者在秦咸阳宫殿遗址中，发现了大量的壁画残片，这些残片中有图案纹饰，也有建筑、车骑等内容，其中仅一号宫殿遗址就出土壁画残片 440 多块，最大的一块高 37 厘米、宽 25 厘米。颜色有黑、赭、黄、大红、朱红、石青、石绿，以黑色的比例最大，显示出秦人尚黑的风俗。壁画鲜艳夺目，五彩缤纷，画面整齐而又多样化，风格雄健有力，显示出秦文化的艺术特色 [6]。1979 年 4 月在咸阳三号宫殿的残存墙壁上发现骑马人物、树木花草、人物等图像，其中马身上的色彩以红色为主，平涂晕染兼施，浑然一体，画面采用侧面鸟瞰角度，四马并头狂奔，构图上既统一又有变化，透视感很强 [7]。这些布局合理、线条流畅的画面可以让我们真实地了解秦代壁画艺术的成就。

大汉王朝建立后，汉高祖采纳谋臣萧何等人"非壮丽无以重威"的建议，修建豪华壮丽的未央宫，用高大的可视艺术来象征皇权，彰显皇威。汉武帝刘彻即位后，打击诸王分裂割据势力，巩固中央集权，反击北方匈奴的侵扰，发展社会经济。武帝利用美术手段来表达自己的情感，维护皇权：用绘画来纪念建立功勋的将帅功臣，在骠骑将军霍去病墓前建立大型纪念碑雕刻；将自己钦佩和思念的休屠王阏氏（金日磾母）、孝武李夫人的像图绘在甘泉宫；晚年为了依赖霍光辅助幼子继承帝位，让画工在甘泉宫画"周公负成王"，表达他托孤于霍光的意愿；唐代张彦远《历代名画记》中曾记载汉武帝麒麟阁功臣图的粉本。当时还图绘有"古圣贤""古烈士""瑞应图"之类的壁画。蔡质在《汉官典职仪式选用》中记载："尚书奏事于明光殿……省中皆以胡粉涂壁，紫素界之，画古烈士。"《汉书·班婕妤传》记载："观古图画，贤圣之君，皆有名臣在侧；三代末主，乃有嬖女。"而这些"古圣贤""古烈士""瑞应图"之类的壁画，在发掘的汉壁画墓中大量出现。上有所好，下必甚焉。随着分封割据势力的形成，诸侯王大肆营建宫室，并大量运用壁画等手段进行装饰。汉景帝之子鲁恭王刘余"好治宫室、苑囿、狗马"，中元元年（前149年），建灵光殿并绘满壁画，东汉王延寿的《鲁灵光殿赋》对该殿的栋宇结构、彩绘雕刻、雄伟气势做了细致而丰富的描写，给后世留下强烈的印象。鲁灵光殿的檐下木构部分画着云气和水藻，各种木构件上装饰着飞禽走兽，有奔虎、虬龙、朱鸟、白鹿、狡兔、玄熊，甚至还有胡人、神仙、玉女，表情生动而形象。鲁灵光殿的壁画"图画天地，品类群生，杂物奇怪，山神海灵，写载其状，托之丹青。千变万化，事各缪形；随色象类，曲得其情"。其内容包括太古开辟之时的帝王，例如驾着龙的五个远古皇帝、乘云车的九首人皇、麟身的伏羲、蛇躯的女娲、黄帝、唐虞，以及夏桀和妹嬉、殷纣和妲己、周幽和褒姒，还有忠臣、孝子、烈士、贞女，等等。这一切都将汉代社会绘画水平和绘画应用广泛程度表现得淋漓尽致。

二、汉代墓葬彩绘

汉代地面建筑的壁画和漆器、丝织品、陶器等物品上的彩绘工艺都已达到一定的水平，各种绘画作品广泛运用于人们的生活中。这些彩绘艺术一方面丰富、美化了人们的生活，另一方面，也为绘画艺术运用于墓葬之中奠定了基础。据史料记载，汉代地位显赫的人一般在活着的时候就为自己建好了坟墓，而广泛应用于地面建筑的壁画和绘画作品不可避免地在人们"事死如生"的丧葬观念的影响下被移植到另一世界。人们仿照人世间的一切来为死去的亲人营造阴宅，在墓室空间里刻绘各种图像，涂彩上色，表达人们对地下世界的寄托和希望；其次，在墓壁上用绘制图案来进行装饰的做法也由来已久，早在商周时期的竖穴土坑墓圹中就有发现。

1979 年，陕西扶风杨家堡四号西周墓发现有白色二方连续菱格纹和宽带纹壁画残迹[8]；1957 年，在洛阳西郊清理的一座战国墓葬中发现，墓圹及墓道两侧的白灰面上残存有以红黄黑白颜色绘制的宽带纹和细线纹[9]；战国末年新郑韩王陵[10]墓室内，不但在墙壁的草泥层上面有一层白色涂料，而且在墙壁下部 0.8 米高的墓壁上还有一周赭石粉涂成的红色墙裙装饰；秦代的墓葬有无壁画目前尚不得而知，但从《史记·秦始皇本纪》所载秦始皇陵地宫"上具天文，下具地理"的情况看，存在壁画的可能性很大。再者，汉代初期，随着墓葬形制从"周制"向"汉制"的演变和逐渐完成，墓葬布局不仅在平面结构上呈现出第宅化的格局，而且在空间结构上也向第宅化的立体造型靠拢，在墓室内创造出了一个巨大的封闭空间，从而为彩绘壁画、画像石砖、雕刻等体积较大的装饰作品提供了空间和可能。故而各类彩绘作品作为一种丧葬文化的承载物而被广泛运用。从目前的考古发掘资料看，汉代墓葬出土的彩绘作品主要有帛画、壁画、彩绘画像石砖、漆画等，虽然它们的创作和制作手段多种多样，但有一共同的工序就是施彩，通过施彩作品来装饰墓室，强化丧葬功能，寄托情感。

1. 汉代墓室的帛画、漆画作品

主要出土于以长江流域为代表的南方地区，其他地方也有少量发现。从考古学的年代看，帛画和漆画起源于战国时期，盛于西汉早期，以后逐渐衰落。如长沙砂子塘一号汉墓出土的漆棺绘画[11]，外棺的头端挡板、足端挡板、两侧壁、盖板内外皆有绘画；马王堆一号汉墓三重外棺的漆画和覆于内棺上的帛画[12]；山东临沂金雀山九号汉墓出土的帛画[13]。从这些墓葬出土的帛画和漆画，多以表现天堂仙界的各种神人灵怪、墓主人的人世生活场景、辟邪升仙及日月天象为主。在这些汉墓帛画和漆画作品中，我们可以明显地感觉到战国时期墓葬绘画的痕迹，在图像的布局、内容和风格上都有相似之处，但同时，汉代的墓葬绘画又较战国时期的绘画作品更加系统规范地反映了汉代社会对丧葬的认识和对墓葬功能的期许，这一切都对后来兴盛的壁画墓中的壁画有重大而深远的影响。

2. 汉代墓室的壁画作品

壁画墓起始于西汉早中期，一直延续到魏晋时期。现在发现的最早的壁画墓是河南永城芒山柿园的梁王墓和广州象岗山的南越王墓。两墓均为诸侯王级的大墓。河南永城柿园梁王墓位于梁国王陵区内，年代应为西汉武帝建元五年（前 136 年）或稍后，墓向西偏北，是"凿山为室"的大型崖洞墓，全长 95.7 米，最宽处 13.5 米，墓葬由墓道、甬道、巷道、主室和 8 个耳室组成。在主室的顶部和四壁均抹泥灰一层，上涂白粉，顶部前段、南壁西段及门内两侧的西壁绘有壁画，面积约 30 平方米，局部毁损 [14]。画面主要用红、白、黑、绿等颜色绘出天堂仙界的景象。南越王墓的时代是西汉武帝时期（约公元前 122 年）。该墓为石板墓，在墓门、门楣、前室四壁及顶石上均以朱、墨两色绘出卷云纹图案 [15]。这些用红黑色彩绘出的卷云纹应该不只是一种装饰，还是一种有意味的形式。早期的壁画墓承袭了战国时期楚墓帛画、漆画的风格，装饰性较强，但中原地区传统文化的影响逐渐显露。

壁画墓集中出现是在西汉后期，以河南为中心的中原地区最为密集，其次为东北的辽阳和西北甘肃的河西地区。据统计，20 世纪初至今共发现、发掘汉代壁画墓 56 座，其分布情况为：河南 20 座，辽宁 12 座，甘肃 6 座，陕西 4 座，内蒙古 4 座，河北 3 座，山西 2 座，山东 2 座，安徽 2 座，江苏 1 座 [16]。这一时期的壁画墓内容是和当时的社会思潮紧密相连的。西汉中期以后，受武帝时期盛行的阴阳五行、天人感应及升仙思想的影响，壁画以升仙辟邪和天象图为主导；新莽以后，除了天象、神祇内容外，歌舞娱乐、庖厨宴饮等现实生活的题材开始出现，形成在西汉少见的生前享乐主题；东汉中晚期，奇禽异兽逐渐减少，车骑出行、夫妇（宾主）宴饮、舞乐百戏、庖厨劳作及仙境等题材成为绘画主题。

在不同的墓葬形制、不同地域和不同时期，壁画墓使用的绘制方法也有所不同。西汉早期的两座壁画墓均为石室墓，所以其绘制方法是在开凿加工平整的墓壁上涂上粉底，再用各种颜色的颜料彩绘图案，如永城柿园的梁王墓。辽宁辽阳的东汉壁画墓多用石板构筑墓室，一般也是先把石板涂上粉底，然后再在粉底的石板上绘画。若石板平面光滑，也可能直接绘画在石板上。在西汉后期，中原地区盛行用空心砖构筑墓室，用实心小方砖、长条砖砌筑墓室顶脊、耳室或铺地。这种空心砖壁画墓，可以在造墓前在空心砖和实心方砖上涂上粉底编号，按照粉本的图样勾勒轮廓、单色平涂或点彩、勾勒，绘成画面形象，再按在墓室的位置进行拼合；到了东汉时期，壁画墓发展较快，墓葬多为砖石混筑和小砖券筑，也有少量的纯石墓和土洞墓。洛阳地区仍流行空心砖墓，其壁画的制作方法仍沿用西汉后期的形式，即预先在空心砖或小砖上绘制图像，然后再砌于墓中。但此时大多数壁画都直接绘于经过泥、灰处理的墓壁，这样绘画面积加大，就使壁画的规模和气势更加宏大。

3. 汉代彩绘画像石墓

画像石墓是秦汉时期最晚兴起的一种画像墓葬的建墓形式。它是我国墓葬形制在砖椁、石椁墓葬和砖室墓葬发展到一定阶段，人们对墓葬材料有了新的认识的基础上，砖、石结构与墓室装饰相结合的产物。几乎在画像石墓出现的同时，彩绘画像石就出现了。彩绘画像石是在刻好的画像上进行施色，使画面色彩纷呈，改变了画像石的单一色调。同前面的壁画相比，除了用于起稿的材质不同外，彩色画像石多了雕刻的工序，其后各种施色的手法和壁画基本无异，因此具有壁画的特色。但是壁画容易脱落，而彩绘画像石即使失色也改变不了画像的面貌，因此更具永久的价值。同一般的画像石相比，彩绘画像石是在刻石为像的基础上，用多种颜色对画像进行彩绘处理，使原有的画像又增加了色彩的装饰，使其更富于表现力。目前，在全国各地发现了大量的彩绘画像石墓，在汉代画像石集中的四大中心区域（即河南南阳、鄂北区，山东、苏北、皖北、豫东区，陕北、晋西北区，四川、滇西北区），几乎都发现有彩绘画像石，其中以河南南阳、陕西最多。从考古资料看，彩绘汉画像石墓肇始于河南永城柿园梁王墓、南阳赵寨砖瓦厂墓等，并且，整个两汉时期，彩绘画像石墓一直和其他墓葬形式共行并存。

三、南阳汉代彩绘画像石墓略述

南阳位于河南省的西南部，地处汉水流域，东、西、北三面环山，是一个扇形盆地。这里河流纵横，土地肥沃，气候温和，雨量充沛。秦时始在这里设立南阳郡。两汉时期，南阳郡因其所处的优越地理位置和丰富的物产资源而成为农业和手工业极为发达的地区。南阳的冶铁业在汉代尤为发达，目前在这里已发现汉代冶铁遗址十余处。其冶铁技术的发达水平，可以从南阳市北关瓦房庄汉代冶铁遗址略见一斑。随着冶铁业的发展，铁制工具的质量不断提高，数量也越来越多，为农业和手工业的发展提供了物质基础和技术条件，而手工业的发展必然带来商业的繁荣。汉代南阳民俗"好商贾渔猎"，从而使南阳郡治宛城在西汉时就与洛阳、临淄、邯郸、成都并称天下名邑，成为全国著名的五大商业都会之一，并享有"商遍天下""富冠海内"的美誉。正是南阳这一带的日益富庶，才使其成为汉代大贵族依附和寄食的地方。西汉时就有不少王侯被分封在南阳，南阳在全国的政治地位也随之提高。到了西汉末年，南阳蔡阳刘氏起兵反莽，在宛城建立更始政权。光武帝刘秀起兵于南阳，在他统一全国的战争中，南阳人是主力军，他手下的文臣武将许多是南阳人。东汉王朝建立后，宛城成为京城洛阳的陪都，东汉时，先后有三个皇后出自南阳，七个公主和二十八个王侯被封在南阳。因此南阳成为皇亲国戚和达官显贵们的云集之地，被称为"南都""帝乡"。

汉代普遍盛行"灵魂不灭、事死如生"的丧葬观念，人们不仅认为灵魂存在于人的身体，主宰人们的生命，而且认为人死后灵魂仍然不朽，只是从阳间转到了阴间，所以在世间需要的一切在墓葬中也需要。汉武帝之后，汉代统治阶级尤以儒家思想为正统，儒家崇尚孝道，汉代政府以孝治天下，以孝选贤能。而厚葬则是至孝的具体表现，因此，那些盘踞在南阳的众多贵族官僚们极力推崇厚葬，将坟墓修建得极尽豪华，就连一些不太富足的中下层地主、商人也不惜倾尽家产对其父母实行厚葬，企图以此举博得孝名，从而达到跻身仕途、升官发财的功利目的。而南阳盆地被群山环抱，处在第二级地貌台阶向第三级地貌台阶过渡的边坡上，境内多山地丘陵，有得天独厚的自然条件，有取之不尽的建筑石材。于是，南阳一带便出现了大量坚固的画像石墓。

自 1932 年南阳草店汉画像石墓发现发掘至今，南阳已发掘完整的汉画像石墓 56 座。根据发掘报告，这 56 座汉画像石墓中，有彩绘痕迹的共有 12 座，约占已发掘汉画像石墓总量的五分之一。数量之多，已成为本地区汉画像石墓的一个亮点。

1. 南阳汉代彩绘画像石墓的分期和分布

南阳发现的汉代彩绘画像石墓，按照发掘时间早晚，依次为杨官寺汉画像石墓[17]、河南襄城茨沟汉画像石墓[18]、南阳军帐营汉画像石墓[19]、南阳石桥汉画像石墓[20]、唐河针织厂汉画像石墓[21]、唐河电厂汉画像石墓[22]、赵寨砖瓦厂汉画像石墓[23]、唐河汉郁平大尹冯君孺人画像石墓[24]、唐河县针织厂二号画像石墓[25]、南阳县辛店乡熊营汉画像石墓[26]、南阳陈棚汉代彩绘画像石墓[27]、南阳市八一路汉代画像石墓[28]。

南阳汉代彩绘画像石墓的分期，同南阳汉画像石墓的分期有重叠，也有不同。南阳汉代画像石墓的分期，研究者早有定论[29]。一般分为四个时期，即西汉中期，汉画像石墓的发生期；西汉晚期，汉画像石墓的发展期；东汉早中期，汉画像石墓的鼎盛期；东汉晚期，汉画像石墓的衰落期。就南阳本地发现的汉代彩绘画像石墓来看，西汉中期、西汉晚期、东汉早中期三个时期的画像石墓皆有发现。属于西汉中期的有：赵寨砖瓦厂汉画像石墓；属于西汉晚期的有：杨官寺汉画像石墓、唐河针织厂汉画像石墓、唐河电厂汉画像石墓、唐河汉郁平大尹冯君孺人画像石墓、南阳县辛店乡熊营汉画像石墓、南阳陈棚汉代彩绘画像石墓、南阳市八一路汉代画像石墓；属于东汉早中期的有：南阳军帐营汉画像石墓、南阳石桥汉画像石墓、唐河县针织厂二号画像石墓、河南襄城茨沟汉画像石墓。

从数量上可以很明显地看出，西汉中期的彩

绘画像石墓，只有一座；西汉晚期，汉画像石墓的发展期，彩绘画像石墓的数量最多，达到 7 座。而且这一时期的南阳陈棚彩绘画像石墓，是彩绘内容丰富、色彩保存最好的一座。这也充分说明：在这一时期，南阳彩绘画像石墓发展到了最高水平。东汉早中期，是南阳汉画像石墓发展的鼎盛期，而这一时期的彩绘画像石墓，只有 4 座。到了东汉晚期，在汉画像石墓的衰落期，目前还没有发现彩绘汉画像石墓。也可以说，西汉中期是南阳汉代彩绘画像石墓发生的早期阶段，西汉晚期为发展的中期阶段，东汉早中期为发展的晚期阶段。

南阳汉代彩绘画像石墓的分布和汉画像石墓的分布有一定的差别。南阳汉画像石墓分布广泛，除了西部和西北部的山区县外，几乎都发现有画像石墓，而南阳彩绘画像石墓只分布在两个区域，即今南阳市和唐河县。在 12 座彩绘汉画像石墓中，位于今南阳市的有 7 座，位于唐河县的有 4 座，河南襄城茨沟在汉代属南阳郡，今属许昌市。其余县市则至今没有发现汉代彩绘画像石墓。另外，只在今新野县发现有汉代彩绘画像砖墓。

2. 南阳汉代彩绘画像石的主要内容及在墓葬中的位置（以时代先后为顺序）

（1）西汉中期

赵寨砖瓦厂汉画像石墓：砖石混合结构，墓室为长方形，由一前室、一内室、两侧室组成。该墓画像石较少，仅墓大门门扉和门柱上雕有画像 13 幅，八扇门扉皆刻楼阁，五个门柱皆刻门阙。画像皆有彩绘痕迹，统施朱、黑两色。

（2）西汉晚期

杨官寺汉画像石墓：纯石墓，墓室为长方形，由前室、南北两主室、南北两侧室和后室等六部分组成。共有画像石 14 块，刻有画像 14 幅，其中墓门中柱石正面画像上部刻一房子和对称的两个单层阙顶，房柱涂红色。阙中部雕一长衣细腰的立人像，在发掘时发现人头是用墨画的，可惜已经不清。墓门南侧柱石北侧面画像、墓门南横额石正面画像皆刻两个相套的黑白环。南主室南扇门正面画像上部雕一座四层的楼阁式建筑，楼阁各层的柱和斗拱上面皆涂红色。

唐河针织厂汉画像石墓：纯石结构，平面呈"回"字形，由墓门、前室、南北两主室、南北两侧室和后室组成。墓门门楣所铺的石料上刻骑马图，涂朱色。

唐河电厂汉画像石墓：砖石混合结构，平面呈"回"字形，由前室、东西两主室、东西两侧室和后室组成。并列两个墓门的门楣上刻一幅浩浩荡荡的车骑出行图，马身皆涂有朱砂；两个门扉上部刻两只相对昂首张口、鼓腹翘尾的白虎，虎的耳、目、口、躯体、尾以及铺首均用朱笔勾画边线，色彩鲜艳。

唐河汉郁平大尹冯君孺人画像石墓：砖石混合结构，墓由大门、前室、南车库、北库房、中大门、中室、南主室、北主室、南阁室、北阁室、西阁室11个单位组成。墓室的后部，围绕南北主室的南、北、西三面，有三个阁室，三阁室相通，形成对称的回廊式建筑。

此墓出土画像石计35幅，大都经过朱彩描绘。墓大门门楣刻二龙穿璧画像，饰朱彩，发掘时仍很清晰。两门柱刻执笏画像，并留有朱描痕迹。大门南柱有"郁平大尹□□□冯孺□□无□□□"题记，字皆刻后朱描。

南阳县辛店乡熊营汉画像石墓：该墓为砖石结构，由墓门、前室、东西两主室组成。主要部位用石22块，其他部位系砖砌。墓中共出土40幅画像，画面皆有彩绘。画像主要集中在门楣、门柱、门扉及过梁等处。画面内容有人物、白虎铺首、珍禽瑞兽、日月星辰。

南阳市八一路汉代画像石墓：砖石结构。平面呈T字形，坐北朝南，由墓道、墓门、前室、后室墓门和后室组成。

部分画面如建鼓舞的鼓上可以看到红彩，说明当时的画像有彩绘。发掘报告对此墓彩绘的描述略嫌简单，笔者在发掘现场所见，施彩部位主要在门楣及门柱，有朱红和黑两种色彩。

南阳陈棚汉代彩绘画像石墓是南阳迄今发现的彩绘汉画像石墓中施彩最为丰富的墓葬，将在下文中详细介绍。

（3）东汉早中期

河南襄城茨沟汉画像石墓：墓由墓道、甬道和七个墓室组成。左前室门楣画像石背面未刻画像，但有剥落的红色彩绘，从残存的朱绘笔迹看，似有纹饰和虎、马等动物。后室藻井画像石，圆形，上刻四足张开的蟾蜍一只，眼、身和尾部涂红色。

南阳军帐营汉画像石墓：砖石结构，分前后两室，后室分为两个墓室。该墓画像主要集中在前室门楣、墓门侧柱、中柱、石梁及后室中柱和门槛石上，画面内容有伏羲、女娲、伎乐、人物、辟邪升仙等。部分画像上还涂有红白颜色，使画像显得更为生动醒目。

南阳石桥汉画像石墓：墓室为砖石混作，砌成T字形。墓的结构分墓道、前室、二主室和二耳室等六部分。

墓门南门楣正面刻斗兽图，两兽通体着土黄色，并用黑色在兽身绘出豹纹。右立一人，此人衣涂土黄色，领口和襟沿用两条宽1厘米的黑线作装饰。墓门北门楣正面刻角抵图，其中象人上衣敷紫红色，领口、衣襟、袖口均用一宽一窄的两条黑线装饰边沿。墓门两侧门柱正面各刻一门吏，头戴前低后高朱色冠，身着长衣，执棨戟面内而立。北门门扉的两个铺首上还残留有粉红颜色。墓门中柱正面刻一门吏，头戴朱色冠，身着长衣，双手执盾而立。盾上敷土黄色，用黑色绘出两横行鳞纹。北主室的顶部和周壁上，均涂有一层厚约1厘米的石灰面，并在高0.58米的周壁处，用土黄色颜料绘制了宽8厘米的带条，顶部绘有菱形图案。这是南阳彩绘画像石墓中唯一一座彩绘壁画和彩绘画像石同出一墓的墓葬。

唐河县针织厂二号汉画像石墓：墓室为砖石结构。整个墓室由墓门、前室、两个主室、一个侧室、一个后室组成。墓门门楣刻逐疫升仙图，画面皆朱涂。

3. 南阳汉代彩绘画像石墓的特点

根据对南阳汉代彩绘画像石墓包含的文物及文化信息的梳理，我们可以很清楚地看出南阳汉代彩绘画像石墓呈现出以下特点：

首先，南阳汉代彩绘画像石墓的年代主要集中在西汉中期至东汉早中期，其中以西汉晚期为最兴盛的时期。这一时期彩绘墓葬的数量最多，墓葬的施彩画面也多。这一时期也是南阳汉画像石墓的产生和繁荣发展期，可以说，南阳汉画像石墓的出现即伴随有彩绘图像的出现。而南阳汉代彩绘画像石墓的分布相对集中在汉代南阳郡治宛和唐河县。

其次，南阳汉代彩绘画像石墓的墓葬形制为横穴多室墓，其中多见砖石混合结构的墓葬。彩绘内容和施饰部位在不同的时期不断地发生变化。具体来说，早期（西汉中期）彩绘内容为建筑，施饰部位集中在墓门门扉和门柱上；中期（西汉晚期）彩绘墓的数量及彩绘在墓室中的使用面积都有了很大的增加，彩绘内容丰富，人物、动物、图案和有升仙辟邪思想的图像等都有彩绘现象，施饰部位除门楣、门柱、门扉、门槛和过梁处外，墓室里的局部画像也施以彩绘，使其成为名符其实的彩绘画像石墓。晚期（东汉早中期）彩绘内容又比中期简单，只有人物、动物两类，而且施饰部位除了墓门门楣及门柱、石梁外，墓室顶部也出现了彩绘，这一时期还出现了彩绘壁画和彩绘画像石同出一墓的现象。

再次，关于墓主人的身份和地位问题。依据仅有的少量墓葬文字榜题和墓葬的规模、出土器物等信息进行类比，南阳汉代彩绘画像石墓的墓主人应多为类太守或秩两千石的官员。这12座汉代彩绘画像石墓中，只有唐河汉郁平大尹冯君孺人画像石墓的墓主人身份是有榜题可以证明的，"大尹"为王莽时的职官名称。《汉书·王莽传》："莽以

周官、王制之文，置卒正、连率、大尹，职如太守"，
"其无爵者为尹"。冯君生前的官职为郁平郡大尹，
相当于太守一级的官吏。与其他画像石墓相比，南
阳陈棚汉代彩绘画像石墓的形制和规模已平等或超
过已知的二千石官吏的等级。因此，发掘者认为，
将陈棚彩绘画像石墓的主人身份定为相当于太守级
别比较适当[30]。另外，根据黄佩贤女士的研究，
南阳类太守或秩两千石的汉画像石墓有：南阳杨官
寺汉画像石墓、唐河针织厂汉画像石墓、唐河电厂
汉画像石墓、南阳赵寨砖瓦厂汉画像石墓、南阳石
桥汉画像石墓[31]。根据杨爱国先生的整理研究，
无论有纪年还是无纪年的汉画像石建筑，主人为无
官职平民的所占的份额都最大[32]。这个结论，对
南阳汉代彩绘画像石墓来说，或许是个例外。

　　最后，南阳汉代彩绘画像石墓的色彩丰富，
计有朱红、紫红、粉红、土黄、黑色、白色和粉绿
等多种颜色，而又以朱红居首位。早期和后期色彩
相对较少，以朱红、白、黑为主；中期则丰富多彩，
施色灵活多样，局部描绘及部分画面的边框装饰极
其精美细致。在绘画技法运用上，从目前发现的南
阳汉代彩绘画像石墓看，平涂、勾描、点染这些绘
画技法在彩绘中都已使用。大面积的色彩渲染用平
涂，细部就用勾描和点染。

参考文献：

[1] 王炳华 . 阿勒泰山旧石器时代洞窟彩绘 [J].
考古与文物，2002（3）：48-55.

[2] 辽宁省文物考古研究所 . 辽宁牛河梁红山
文化 "女神庙" 与积石冢群发掘报告 [J]. 文物，
1986（8）：1-17.

[3] 宁夏回族自治区博物馆 . 宁夏回族自治区
文物考古工作的主要收获 [J]. 文物，1978（8）：
54-59.

[4] 李仰松 . 秦安大地湾遗址仰韶文化晚期地
画研究 [J]. 考古，1986（11）：1000-1004.

[5] 中国科学院考古研究所安阳发掘队 .1975
年安阳殷墟新发现 [J]. 考古，1976（4）：264-268.

[6] 顾森 . 秦汉绘画史 [M]. 北京：人民美术出
版社，2000：42.

[7] 咸阳文管会，咸阳市博物馆，咸阳地区文
管会，等 . 秦都咸阳第三号宫殿建筑遗址发掘简报
[J]. 考古与文物，1980（2）：34-41.

[8] 罗西章 . 陕西扶风杨家堡西周墓清理简报
[J]. 考古与文物，1980（2）：21-27.

[9] 郑州历史文化丛书编纂委员会 . 郑州古墓
壁画精选 [M]. 香港：国际出版社，1999.

[10] 河南省文物考古研究所 . 河南新郑胡庄韩
王陵考古发现概述 [J]. 华夏考古，2009（3）：14-18.

[11] 湖南省博物馆.长沙砂子塘西汉墓发掘报告 [J]. 文物，1963（2）：13-24.

[12] 湖南省博物馆，等.长沙马王堆一号汉墓 [M]. 北京：文物出版社，1973：13-43.

[13] 临沂金雀山汉墓发掘组.山东临沂金雀山九号汉墓发掘简报 [J]. 文物，1977（11）：24-27.

[14] 阎道衡.永城芒山柿园发现梁国国王壁画墓 [J]. 中原文物，1990（1）：32.

[15] 广州象岗汉墓发掘队.西汉南越王墓发掘报告 [J]. 考古，1984（3）：222-230.

[16] 贺西林.古墓丹青——汉代墓室壁画的发现与研究 [M]. 西安：陕西人民美术出版社，2001：4.

[17] 河南省文化局文物工作队.河南南阳杨官寺汉画像石墓发掘报告 [J]. 考古学报，1963（1）：111-139.

[18] 河南省文化局文物工作队.襄城茨沟汉画像石墓 [J]. 考古学报，1964（1）：111-131.

[19] 南阳市博物馆.河南南阳军帐营汉画像石墓 [J]. 考古与文物，1982（1）：40-43.

[20] 南阳市博物馆.河南南阳石桥汉画像石墓 [J]. 考古与文物，1982（1）：33-39.

[21] 周到，李京华.唐河针织厂汉画像石墓的发掘 [J]. 文物，1973（6）：26-40.

[22]《南阳汉画像石》编委会.唐河县电厂汉画像石墓 [J]. 中原文物，1982（1）：5-11.

[23] 南阳市博物馆.南阳县赵寨砖瓦厂汉画像石墓 [J]. 中原文物，1982（1）：1-4.

[24] 南阳地区文物队，等.唐河汉郁平大尹冯君孺人画像石墓 [J]. 考古学报，1980（2）：239-262.

[25] 南阳地区文物工作队，等.唐河县针织厂二号汉画像石墓 [J]. 中原文物，1985（3）：14-20.

[26] 南阳文物研究所.河南省南阳县辛店乡熊营画像石墓 [J]. 中原文物，1996（3）：8-17.

[27][30] 蒋宏杰，等.河南南阳陈棚汉代彩绘画像石墓 [J]. 考古学报，2007（2）：233-266.

[28] 乔保同，等.河南南阳市八一路汉代画像石墓 [J]. 考古，2012（6）：14-25.

[29] 韩玉祥，等.南阳汉代画像石墓 [M]. 郑州：河南美术出版社，1998：12-18.

[31] 黄佩贤.汉代墓室壁画研究 [M]. 北京：文物出版社，2008：145-147.

[32] 杨爱国.幽冥两界——纪年汉画像石研究 [M]. 西安：陕西人民美术出版社，2006：171-177.

南阳陈棚汉代彩绘画像石墓

　　陈棚汉代彩绘画像石墓位于南阳市宛城区环城乡陈棚村（今仲景街道陈棚社区）东，东靠白河，地势西、南高，东、北低。2001 年 11 月 29 日，陈棚村民在拓宽滨河路绿化带施工时发现该墓葬。同年 12 月，经报请有关部门批准后，河南省南阳市文物考古研究所派员进行发掘清理，发掘工作历时两个月。该墓坐东朝西，方向 280°。墓葬的建筑程序是先在地表挖出近方形的竖穴土坑，又在土坑西部挖出斜坡墓道。土坑东西长 500 厘米、南北宽 520 厘米、深 450 厘米。坑底用砖石构筑墓室，墓室与土坑之间的空隙回填原坑土再夯实，墓室顶部因被损毁情况不明。该墓为砖石混合结构，由墓道和三个并列墓室构成，每个墓室均由墓门、前室、后室门、后室组成。三墓室以石柱间隔。墓室略呈 T 字形。墓室主体为砖结构，券顶、封门、墙体、

铺地均用长方形小砖构筑，石料用于门楣、门柱、门扉、门槛、过梁、梁柱、垫石等主要部位。

　　南阳陈棚汉代彩绘画像石墓是南阳迄今发现的彩绘汉画像石墓中施彩最为丰富的墓葬，也是发掘时保存最完好的彩绘汉画像石墓。此墓共用石料 51 块，有画像石 39 块，画像 83 幅，其中彩色画像 36 幅，分别位于门楣、门槛、前室梁柱、后室门柱正面以及门扉正、背面，前室门柱和过梁的正、侧面，彩绘的内容主要为人物、动物及龙首、图案。该墓为南阳地区迄今科学发掘的规模较大、保存较好的一座彩绘画像石墓。此墓的彩绘颜料有朱红、紫红、粉红、土黄、黑色、白色和粉绿等，达七种之多。彩绘除涂在门楣、门柱、门扉、门槛和过梁处外，墓室里的局部画像也施有彩绘，使其成为名符其实的彩绘画像石墓，实属罕见。另外，陈棚彩

绘画像石墓使用了多种绘画技法。大面积施色采用平涂的手法，如人物服饰、物像等；局部的修饰和强化用勾描和点染，如刻于门扉上的白虎铺首衔环画像，虎口和铺首的眼部涂红色，并用墨笔勾画铺首的眼眶。

一、汉代彩绘画像石墓的色彩运用

人类对色彩的认识具有悠久的历史，从最初的对大自然色彩的客观认识，到利用天然的固有色彩来装点生活、美化环境，这些都是历史的选择，也是人类早期文明的体现。随着时间的推移和社会政治文化的发展，色彩被附会了许多社会意识形态和人文功利追求的东西。作为墓葬建筑材料和装饰材料，无论彩绘画像石的内容、位置和色彩如何，其所承载的丧葬功能是显而易见的。

首先，画像石的设色是一种自然反映，代表了大自然中实物的本来颜色或现实生活中常用的颜色。人类对色彩的认识最早源于自然界事物的色彩，大自然的五颜六色被人们的视觉系统所捕获，例如绿色的树木和青草、一望无际的黄色土地、蓝色的天空、红色的血液和太阳以及现实中存在的动物皮毛的颜色、人物的肤色等。这些颜色都是大自然中存在的（虽然社会生活中的一些物品也经过文化和时尚的浸染）。汉画像石墓是人们仿照阳宅建造的冥宅，可冥宅的最初依据仍然是阳间的一切。虽然墓葬中天上和地下的景象、事物是凭神话传说和主观想象而来，但传说和想象都离不开其所处的现实生活这个范本。所以，有许多彩绘画像石上的颜色是按本来的面目施彩，这是对墓主世间生活的模仿。

其次，有寓意的施彩。色彩伴随人类混沌的

初始阶段，在人类向文明进化的过程中逐渐被认识、利用和异化。随着人类的进步，人们赋予色彩更多的社会文化含义和精神信仰的寄托。远古人类对色彩的运用可能源于直观，无数的直观感觉会引起对色彩的类比，这种直观类比一旦变成一种心理暗示，就变成一种象征符号。几千年来，中华民族的色彩审美体系是在色彩象征意义的不断变化和传承中发展起来的。

画像石作为一种直观的图像，是用来建造和装饰墓室的。在这密不示人的地下居所，各种色彩的使用也不再是简单地为了模仿或象征个体实物的形色，而充满了个体实物以外的象征意义。色彩的功能首先不是视觉意义上的色，而是在"色"的背后与整体构成紧密相关的富有一定暗示作用的内涵和意蕴。人们通过各种想象把自己最深层的恐惧和希望投射到他们的最后归宿——墓葬中，从而使自己主观臆想的景象得到呈现，人们便在自身这种想象的理想环境中得到安慰和解脱，将对死的恐惧和生的渴望凝聚到这人生最后的空间里。因此，在汉代人的心目中，墓葬不仅仅是用来安放死者遗体的地方，更是给死者提供一个灵魂的居所，更是个体生命形式转化的一个节点，即死亡标志着人在另一个世界的存在的开始。坟墓不再是生命的终结点，而是生命转化升华的转折点。这种希望和想象中的

墓葬功能的实现，借助于墓葬结构的模仿和建筑材料、墓室图像、画像色彩等一系列象征符号营造一个理想的空间来完成。"尽管象征本来是一种符号，一种暗示，一种隐喻，并不是事实本身……象征有时竟取代事实，成为意义的所在。"[1]

二、陈棚汉代彩绘画像石墓色彩的功能

1. 仿生功能

在中国古老的本土宗教中，生命的归宿不同于其他民族宗教那样灵魂超脱，而是带着对物质世界的留恋，期待得道升天，肉体不死。从先秦时期开始，人们认为人死之后变成鬼神，这种鬼神能够有知有觉，和活着的时候没有什么两样。到了汉代，"人死辄为鬼神而有知""事死如生"的观念更是广泛流行。人们都认为人死后与活着的时候是一样的，活着的时候所需的生活必需品，死后照样需要。这从汉代陵墓的建设和墓葬大量的随葬品中可窥一斑。汉武帝从即位的第二年即建元二年（前139年）就开始修建他的死后宫殿——茂陵，历时53年。茂陵建有庙堂和寝殿等规模巨大的祭祀性建筑，还在陵园的东南方建造供其灵魂游乐的"白鹤馆"。即便如此，据说到武帝入葬时，墓室竟容纳不下大量的随葬品[2]。马王堆是未被盗掘的汉代墓葬，1972年对该墓进行了科学发掘，其中一号

墓出土的大量陪葬品中可谓应有尽有，包括食物、衣服、锦缎、乐器等[3]，说明汉代人把在人间生活所需的一切全部搬到了冥宅地府。河南南阳唐河郁平大尹冯君孺人画像石墓是一座十足的"仿生"墓葬，墓葬的结构仿照世间的宅第建筑，石刻题记"车库""大门""藏阁""内门"等。这些题记与其说是冥宅的建筑名称，不如说是现实生活中房屋的建筑名称[4]。而人间的生活环境是五彩缤纷的，所以，在条件成熟的时候，人们就会把世间的色彩搬到墓室之中，尽力为死者营建一个完整的、逼真的"现世世界"。在南阳陈棚墓彩绘画像中，大部分人物的衣服和帽子、帽带、面部、颈部等，都采用了写实的手法，沿用了现实生活中的习惯，和当时人们的着装色彩相同，使人物的形象栩栩如生。

2. 装饰作用

在没有建筑装饰的情况下，墓室或是土壁或是土洞，黑暗阴冷，没有色彩和图案，墓室内只有冷寂的葬具陪伴在亡者的四周。到了汉代，墓室出现壁画等装饰形式，作为建墓用材的画像石（砖），不仅对墓室有安固性的作用，还成为墓室的装饰材料。画像石作为墓室建筑构件的实用性和装饰性融合到了一起，依据汉墓的整体结构进行合理的、立体的、有寓意的装饰，从而使墓室整体的实用价值和思想价值都得到提升。经过色彩处理的画像石，其装饰效果是显而易见的，就如同黑白世界与彩色世界给人们的视觉造成很大的反差一样。施彩使画像石上所刻画的物象更加突出、生动、传神，这样就在保持了石刻艺术厚重古朴的特点的基础上，又增加了绘画施彩所给人带来的富丽鲜活的效果。因此，施彩画像石的装饰效果明显优于一般画像石，这类墓葬应该是更高追求和更多花费的丧葬选择。这也许是南阳彩绘画像石墓多集中在郡治宛城及邻近的唐河县的原因。

3. 表现生死观念

在南阳彩绘汉画像石墓中，黑、红两色是使用最多、最频繁的色彩，这和我国远古时代对红色的推崇和使用有关，也和汉代人的生死观念、汉代的社会崇尚有关。

这两种颜色在我国的使用历史非常悠久，而其文化的传承也十分鲜明。作为矿物质的颜料，黑、红色因为易于提取和固色而很早就在我国得到使用。《韩非子·十过篇》中说："禹作为祭器，墨染其外而朱画其内。"从先秦到汉代的漆器，多半以朱、黑两种色漆来描绘花纹。

红色是人类最早认识的颜色，红彩早在山顶洞人的时代已经被赋予了十分神秘的寓意。山顶洞人有在死者的尸骨旁涂撒红色粉末的习俗，一些装饰用品的穿孔也有残存的红色，显示出红色的运用早已超出了人们的感官刺激范畴和装饰作用，而体现了人类早期埋葬死者时的某种寄托。红色的铁矿粉或为惊吓野兽，防止对死者的侵害，或为辟邪，或者是在给死者加注血液，使其在另一世界复活。

　　新石器时代彩陶的产生是以彩陶钵及其同类造型的器皿口沿一周红色宽带纹为标志，而这种类型的宽带纹存在于各种有彩陶的文化中，这种所谓的"红顶"最早可能是陶器叠放烧制所致，但后来变成有意识的行为，成为原始人血祭的象征，是原始人红色崇拜的表现，也是原始人对生死敬畏的表达，其基本内涵是灵魂不灭的观念[5]。有的学者认为红彩给人以太阳般温暖的直观感受，有永生不灭的象征意义，是一种太阳崇拜[6]。总之，古人最早对红色的认识和运用是和灵魂不灭、生命崇拜、光明和温暖联系在一起的。

　　在汉代人的色彩观中，赤（红）、黑两色的象征意义和其生死观联系在一起共同演绎着汉代人的社会生活和艺术追求。《释名·释采帛》云："赤，赫也，太阳之色也……黑，晦也，如晦冥时色也。"生即为昼，死即为夜，昼呈现出太阳之色为赤，夜则现晦冥之色为黑。按照朝代更迭应五德循环说，汉在立国之初定为水德，色尚黑，后来因为种种原因又改为土德，最后光武帝定都洛阳，确定为火德，色尚红，并以法律制度确定下来。汉代色尚黑、红，

这对汉代的社会风尚和艺术都有巨大影响。马王堆汉墓墓主的四层彩绘套棺，用图绘和色彩的变化形象地表现出了墓主人死亡—重生—升仙的过程。第一层黑漆素棺，棺的外表遍涂棕黑色油漆，无纹饰，棺内涂朱漆；第二层黑底彩绘棺，棺内涂朱漆，棺外以黑漆为地，使用灰、粉绿等偏冷的间色绘制复杂多变的云气纹，其间穿插形象生动的神怪和禽兽上百；第三层是朱地彩绘棺，通体内外髹朱漆，棺外的朱漆地上又用明亮的色调彩绘祥瑞图像；第四层为锦饰内棺[7]。外棺表面除了一层黑漆，别无任何装饰。黑色象征意味很明显，在汉代，黑色与北方、阴、长夜、水和地下相关，而这一切概念又都和死亡联系在一起，这庄重的黑色意味着死亡；第二层外棺的基本颜色也是地府之色——黑色，但在黑色之上绘制了云纹和栩栩如生的神怪动物形象，造型优美的卷云纹暗喻着宇宙中固有的生命之力——气，神怪们保佑着黑暗中的死者越过死亡大限，进入由"保护者"把守并得到"祥瑞"保护的地府；第三重外棺有着鲜艳的红色外表，红色代表着阳、南方、阳光、生命和不死。另外，此棺还有三个山峰代表的神奇的昆仑山，两侧有龙、神鹿以及其他神异和不死之物。在汉代以前，昆仑山已成为不死的主要象征，说明死者已超越死亡大限，摆脱了邪魔的侵扰，达到了不死的仙境[8]。

在南阳汉代彩绘画像石墓中，红色和黑色也是主要用色，尤其是红色，早期的彩绘墓用色简单，但红色是其必用的颜色，更有墓葬施彩只用红色，如唐河汉郁平大尹冯君孺人墓，此墓出土画像石计35幅，大都经过朱彩描绘，就连题记也刻后朱描。红色的运用寓意很多，但红色是代表生命的颜色，给墓葬这个死寂的空间增添生机、注入活力应该是建筑者重要的寓意和希望。

4. 辟邪升仙

在汉代以前，人们关于升仙的观念是在今生今世得道成仙，追求不死成为升仙的最高目标。到了汉代，升仙思想得到发展并广泛地传播开来，神界仙境不仅是生者追求的目的地，同时也是死者灵魂的理想居所。墓葬成为实现这种转化的理想地点。在这里死者要实现生命的转换升华，但在这个过程中会遇到各种邪恶妖孽的危害阻挡，故而升仙必须辟邪，只有以辟邪开道，升仙才能顺利完成。而无论从远古的习俗，还是现世的社会思潮中，象征生命、光明、温暖和力量的红色，无疑具有强大的辟邪作用，因而被广泛用作彩绘画像石墓的装饰色彩。

在南阳目前发掘的12座彩绘画像石墓中，无论是西汉中晚期的建筑图像主要构件、车马人物，还是东汉早中期的各类画面，几乎所有墓葬都有红彩。这固然与红色的生命寓意和当时社会的崇尚有关，其辟邪的作用也是很重要的。墓门是连接墓室与外部世界的唯一通道，也是容易被邪祟侵入的要道，故而在墓门区域，包括门楣、门扉、门柱这些位置，多以辟邪驱疫和升仙的内容为主，并且涂红或用红线勾勒。在南阳汉代彩绘墓中，有许多辟邪升仙类的动物涂成红色。唐河郁平大尹冯君孺人墓大门门楣刻有表示升仙的二龙穿璧画像，饰朱彩。唐河县针织厂二号画像石墓门楣上刻逐疫升仙图，东半部为逐疫辟邪，西半部为升仙图，画面皆涂红。南阳陈棚汉代彩绘画像石墓墓门门扉的朱雀白虎铺首衔环画面及过梁的龙首有辟邪升仙的寓意，朱雀和虎口、铺首的眼睛、龙的眼耳口等部位都为红色。

5. 表现阴阳五行和天人感应

作为中国经典哲学术语，"阴阳"是自然界相互对立而又相互联系的一对基本因子。到了秦汉时期，"阴阳"已经升华为一套高度完备的理性思维体系。阴阳一方面指双方的互相对立，另一方面，双方的对立又是相对的，两个对立的不同体在一定条件下是能够互相转化和相互依存的。这是人类对客观现实世界认识深化和膨胀的结果，是具体与抽象的有机结合。五行学说是把世界的所有物质都归结为金、木、水、火、土五种最基本元素，这五种元素又按一定的规律"相生""相克"，从而产生宇宙自然及生命万物的发展变化。阴阳五行思想是通过两者的互动关系来解释宇宙自然的生成、变化和个体生命的转化及王朝的更迭和社会的发展进步，进而适用于宇宙自然和人类社会一切领域的解释。

汉武帝时期，统治者采取"罢黜百家，独尊儒术"的思想文化政策，儒家思想成为其主流意识形态。汉代大儒董仲舒把阴阳五行纳入其儒家思想体系，使其成为理论基石。他对流传久远的"天"进行系统阐释，认为人为天生，物为天化，所以天、人之间相通，并且两者之间存在着某种神秘的感应，而天则具有绝对的支配权威和崇高地位，在宇宙自然和人类社会永不停息的运行和秩序的背后起支配作用的神秘力量就是蕴含特定意义的"天"。因此，人们的一切行为都应遵循"天"的意志，尽可能与"天"达到和谐统一。阴阳五行和天人感应的结合构成了汉代思想的主体，成为主宰汉代社会各阶层思想和观念的意识形态，渗透于汉代社会生活的方方面面。从自然现象到国家政令制定、王朝更迭、祭祀礼仪安排、各类建筑布局等等都会按照这种观念进行解释。

汉代的丧葬习俗也深受阴阳五行和天人感应思想的影响。为了达到永生不死的目的，汉代人把墓室空间转化成为宇宙的缩影，希望以此获得自然宇宙永恒性、秩序性、运动性的属性。这样，身处其中的"人"便成为永恒宇宙的一分子，在宇宙无始无终的永恒运行中永远存在。他们认为宇宙是由天上和人间组成，所以，他们不仅在墓室刻画人间生活场景，而且从神话传说和无限联想中描绘天上景象。在汉画像石墓中，天象图一般刻在墓葬的盖顶石或墓壁的上部，神话和祥瑞、升仙画面多在墓门及墓壁上部，而历史故事和墓主生活的内容则集中在墓壁中部和下部。最具代表性的是唐河县针织厂汉画像石墓。这是一座西汉晚期纯石结构的墓葬建筑，由南北两个主室构成，北主室墓顶石刻绘白虎和一内栖三足乌的太阳图案，属阳；南主室墓顶石刻绘星宿和一内置蟾蜍的满月图案，属阴。《礼记·礼器篇》云："大明生于东，月生于西。此阴阳之分，夫妇之位也。"说明该墓是男女同墓不同室，阴阳双方相对应。汉画中阴阳相对的图像还有人类始祖神伏羲和女娲、主日的羲和和主月的常羲、东王公和西王母，以及汉墓门扉上的白虎铺首衔环和朱雀铺首衔环等。不论是哪一种形式的阴阳组合与对立，都显示出各自鲜明的个性。出土于南阳市西郊麒麟岗一座东汉画像石墓墓顶的大型天文画像组合[9]，是一幅再现阴阳五行思维体系的画面，该墓前室墓顶天象图由九块条石组成，分为两个部分：中部刻绘青龙、白虎、朱雀、玄武四灵，四灵正中黄帝端坐。张衡《灵宪》云：

"明堂之房，大角有席，天市有坐。苍龙连蜷于左，白虎猛据于右，朱雀奋翼于前，灵龟圈首于后，黄神轩辕于中。""黄神轩辕"就是指黄帝。天象图两侧分别是主日的伏羲、北斗星和主月的女娲、南斗星。人首龙尾的伏羲和女娲既是人类的始祖神，又兼日月神，与汉代四灵和黄帝一起被刻绘于墓顶天象图中，是将两汉时期盛行的"阴阳五行"观念简单化和形象化的体现。

河南襄城茨沟汉画像石墓后室有一圆形的藻井画像石[10]，上刻四足张开的蟾蜍一只，眼、身及尾部涂成红色。蟾蜍在汉代是月亮的指代动物，这幅画应表现月轮。据发掘者推断此石为后室穹隆顶的结顶石，发掘时画面朝下，也就是后室的上方，墓室的上方为天象（天空），这就迎合了阴阳五行和天人感应思想。而且，藻井古代又称天井、方井、斗四等，是从人类穴居时代的天窗演变而来的。在演变过程中，藻井不仅成为室内的装饰，并且附会了许多文化内涵，其中最重要的功能就是代表了"天"，是天人合一理念的体现。类似的藻井画像石在沂南汉画像石墓中也有出现。1996年在陕西大保当出土的汉墓彩绘画像石中[11]，日中金乌与月中蟾蜍常常对应出现在墓中横楣的两端，表示太阳的日轮涂成红色，其中三足乌或线雕而成，涂成墨色，或直接墨线勾勒；画中蟾蜍一般在白色月宫中涂以天蓝色（或黑色）。

色彩是大自然的本来属性，远古时期人类对色彩的认识只是直观的感受和联想。到了阶级社会，色彩具有了等级的区分。汉代，在阴阳五行和天人感应理论体系的主宰下，色彩纳入了天人互动的体系，形成了五色审美观，将五种颜色配以五个方位。汉代祭祀五方之神时，五方之神对应的方位、音律、色彩、时令等也成为膜拜的对象，而当色彩和时空相连，时空的意义赋予了色彩，色彩也就更加系统紧密地进入人们的生活，五大主色都各自找到了自己的位置和价值，发挥自己的作用。当时社会的升仙思潮和远古孑遗的灵魂观念也不可避免地影响到汉代的丧葬文化。

人类从生命之初就面临着对死亡的恐惧和困惑，对个体而言，对生命的渴望和对死亡的焦虑一直困扰生命的整个过程。自古以来，人类就用尽各种手段来应对死亡的来临。巫术、宗教都是人们在面对生命的无常和人生的苦难中产生的。如果说宗教是人类心灵的最后安慰，那么巫术就是在人类遇到危难之时假想出来的一种扶持。汉代，当意识到死亡不可避免时，人们便幻想在死亡到来后可以进行生命的转化和升华，幻想为死者构建一个永恒的、运动的、多彩的、可以纳入永恒宇宙的生命居所，希望在这石、砖构筑的墓室里用各种具体的结构、明器、图像、色彩等实现时空的转换，完成臆想中的目的。墓葬中的点点滴滴也许都是当时人们一种有意识的精神寄托。我们只有全面细致地品读，才能还原汉代人生命之梦的丰满与绚丽。

参考文献：

[1] 葛兆光 . 中国思想史 [M]. 上海：复旦大学出版社，2001：57.

[2] 刘庆柱，李毓芳 . 西汉十一陵 [M]. 西安：陕西人民出版社，1987：45-47.

[3][7] 湖南省博物馆 . 长沙马王堆一号汉墓 [M]. 北京：文物出版社，1973：13-27.

[4] 南阳地区文物队，等 . 唐河汉郁平大尹冯君孺人画像石墓 [J]. 考古学报，1980（2）：239-262.

[5] 王国栋 . 试论中国史前彩陶的起源 [J]. 考古与文物，2005（2）：37-42.

[6] 蒋书庆 . 破译天书——远古彩陶花纹揭秘 [M]. 上海：上海文化出版社，2001：40.

[8] 巫鸿 . 礼仪中的美术——马王堆再思 [M]// 礼仪中的美术——巫鸿中国古代美术史文编 . 北京：生活·读书·新知三联书店，2000：111-117.

[9] 南阳汉画馆 . 南阳汉代画像石墓 [M]. 郑州：河南美术出版社，1998：143.

[10] 河南省文化局文物工作队 . 襄城茨沟汉画像石墓 [J]. 考古学报，1964（1）：111-131.

[11] 陕西省考古研究所 . 陕西神木大保当汉彩绘画像石 [M]. 重庆：重庆出版社，2000：4.

◎ 画像石墓北室画像 ◎

拳勇·熊

163cm×42cm×27cm

刻于北前室门楣正面。画面左刻一熊，张臂回首，口部涂红色。右刻三人，皆穿短衣，武士装束，正徒手搏斗。短衣上部涂红色。画间重峦叠嶂，云气缭绕。画面上边刻三角纹，每隔一个三角皆涂一红色三角。下边刻两横线，在两线之间绘有直径 5.5 厘米设色相同的三色同心圆 10 个，圆与圆间隔均为 10 厘米，排列整齐有序。圆心涂红色，外圆涂白色，中间则涂粉绿色。

熊·执戟门吏

34cm×160cm×26cm

刻于北前室北门柱正面。画面上刻一熊，竖耳，瞠目张口，扭头舞爪，其眼和口部涂红色。下刻一人，头戴黑色冠，下部饰红带，身着红边白领、白袖黑色长袍，双手执戟，侧身而立。人物面部涂土黄色，唇部涂红色，脖子涂白色。

拥彗门吏

26cm×160cm×34cm

　　刻于北前室北门柱南面。画面刻一人，头戴红色冠，身着红领长袍，双手拥彗，侧身而立。门吏面部涂土黄色，唇部涂红色，脖子、脚部涂白色。

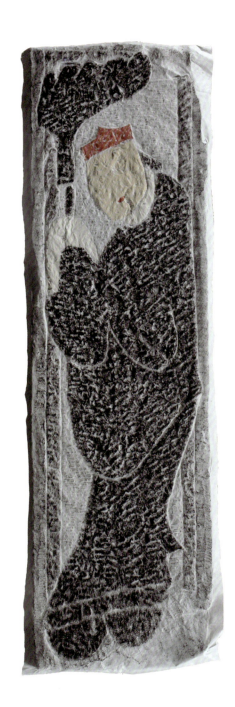

拥彗门吏

32cm×117cm×31cm

刻于北前室南门柱正面。画面刻一人，头戴红色帻，身着黑色长袍，白袖口，双手拥彗，
侧身而立。门吏面部涂土黄色，唇部涂红色，脖子涂白色。

执笏门吏

31cm × 117cm × 32cm

刻于北前室南门柱北面。画面刻一人，头戴进贤冠，冠下部饰红带，身着白袖口黑色长袍，双手执笏，侧身而立。门吏脸部涂粉红色，唇部涂红色。画面上饰帷幔。

龙首

43cm × 183cm × 31cm

　　刻于前室北过梁北面。画面刻一龙首，巨口露齿，螺纹卷唇，有角有须，肩生双翼，身
披鳞纹。龙的眼、耳、口部涂红色。

执金吾、拥盾小吏

32cm×117cm×17cm

刻于北前室南梁柱正面。画面刻一人，头戴红色帻，身着红领长袍，右手执红盾，左手执金吾，正面端立。小吏唇部涂红色。

六博图

172cm × 37cm × 30cm

刻于北后室门楣正面。画面左刻一人，正襟危坐，身着黑色长襦，双手执紫红色下饰两道黑边金吾，侧首观棋。中间刻二人对弈，均黑色发髻，身着红色长襦，中置紫红色的博盘及黑色的樽和勺，持箸六博。右刻一人，似主人，身着红领长襦，正襟危坐在紫红色案前观棋。画面右上角饰帷幔。上边刻三角锯齿纹，每隔一个三角皆涂一红色三角。

鸟·捧奁侍女

30cm×118cm×42cm

　　刻于北后室南门柱正面。画面上刻一鸟，眼部涂红色，口衔一丸。下刻一侍女，头梳高髻，身着红领长袍，长袍下部涂白色，束腰，双手捧奁，正面端立。侍女脸部涂土黄色，唇部涂红色，脚部涂白色。

朱雀铺首衔环

65cm × 150cm × 8cm

　　刻于北后室北门楣正面。画面上刻红色朱雀，展翅翘尾，作飞舞状。下部刻铺首衔环和
菱形纹。铺首眼部涂红色。

朱雀铺首衔环

47cm×155cm×7cm

刻于北后室南门扉正面。画面上刻红色朱雀，展翅翘尾，作飞舞状。下部刻铺首衔环和
菱形纹。铺首眼部涂红色。

兽斗

116cm×26cm×10cm

　　刻于北后室门槛正面。画面左刻一兽，回首作奔跑状；右刻一兕，披粉绿色毛，尾端分
作三歧，弓颈低首，奋力前抵；空间饰云气和山峦。上边刻一道2厘米宽的横线，每10厘
米长涂红色和粉绿色横线，形成了红、绿相间的装饰彩带。

二兕相斗

163cm × 42cm × 27cm

刻于北前室门楣背面。画面刻二兕，独角披毛，弓颈低首，两角相触，奋力相抵。

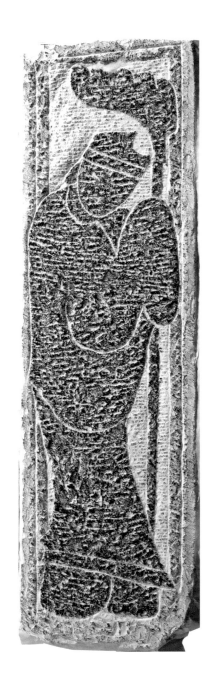

拥彗门吏

32cm×117cm×31cm

刻于北前室南门柱东面。画面刻一人，戴冠，身着长袍，双手拥彗，侧身而立。

端灯侍女

32cm×117cm×17cm

　　刻于北前室南梁柱东面。画面刻一侍女，头梳高髻，身着长袍，束腰，双手端灯，侧身
而立。

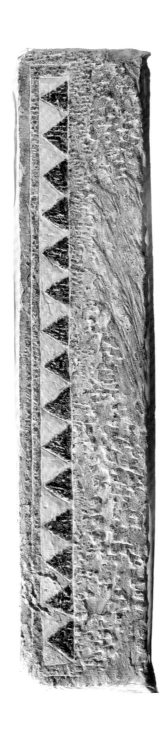

三角锯齿纹

28cm×148cm×28cm

刻于北后室北门柱正面。画面刻一竖排三角锯齿纹。

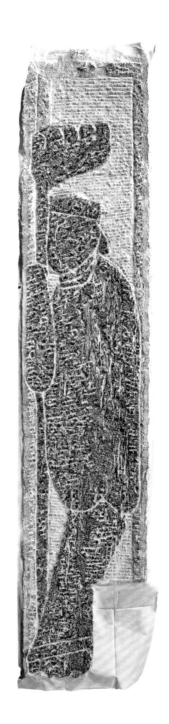

拥彗门吏

28cm × 148cm × 28cm

刻于北后室北门柱南面。画面刻一人，戴帻，身着长袍，双手拥彗，侧身而立。

拥盾门吏

42cm×118cm×30cm

刻于北后室南门柱北面。画面刻一人，戴帻，身着长袍，双手拥盾，正面端立。

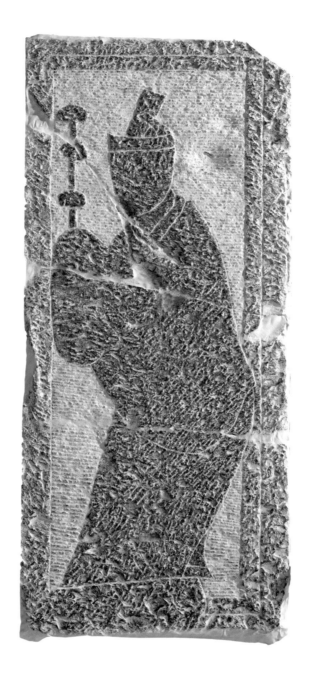

持节使者

65cm × 150cm × 8cm

刻于北后室北门扉背面。画面刻一人，戴冠，身着长袍，双手持节，躬身而立。

门吏

47cm×155cm×7cm

刻于北后室南门扉背面。画面刻一人，戴冠，身着长袍，双手执一物（上部漫漶），侧身而立。

搏虎

135cm × 43cm × 32cm

刻于后室北过梁北面。画面左刻一虎，翘尾，瞪目张口，作奔扑状。右刻一人，挥动双
臂，跨步向前迎斗猛虎，右臂平伸压虎口。画中饰云气和山峦。

乘象

183cm × 42cm × 30cm

刻于后室北过梁北面。画面刻一象，体壮硕，作缓行状，象背上刻一人（头部漫漶），
手执一棍状物，下刻山峰。左边山巅有柏树，林中飞翔着小鸟。画面右上角饰云气。

端灯侍女

32cm×73cm×24cm

　　刻于北后室南梁柱正面。画面刻一侍女，头梳高髻，身着长袍，束腰，双手端灯，侧身
而立。

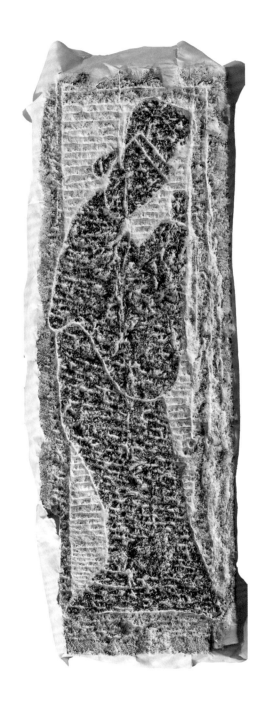

执笏小吏

24cm × 73cm × 32cm

刻于北后室南梁柱北面。画面刻一人，戴冠，身着长袍，双手执笏，侧身而立。

捧奁侍女

32cm × 73cm × 46cm

刻于北后室南梁柱正面。画面刻一侍女，头梳高髻，身着长袍，束腰，双手捧奁盒，正面端立。

熊

46cm × 73cm × 32cm

刻于北后室南梁柱北面。画面刻一熊，漫漶严重。

俳优伎人

32cm × 72cm × 24cm

　　刻于北后室南梁柱正面。画面刻一人，上身赤裸，可见双乳和肚脐。下身着紧身短裤，赤足，正面而立。双手各托灯盏，头顶正中顶盏灯，三盏灯皆火舌上窜呈燃烧状。

女娲

24cm×72cm×32cm

刻于北后室南梁柱北面。画面刻一女娲，头部画面已漫漶。蛇身，下垂曲尾，有双爪。

执金吾小吏

32cm × 73cm × 24cm

刻于北后室南梁柱正面。画面刻一人，戴帻，身着长袍，双手执金吾，正面端立。

画像石墓中室画像

牛·狮·兽

145cm × 43cm × 25cm

刻于中前室门楣正面。画面左刻一牛，弓颈低首，奋蹄翘尾前抵，口部涂红色。中间刻
一狮，昂首翘尾，张口扑向右边的红色怪兽。狮的口部涂红色。怪兽勾首夹尾，蹲坐于地。
画中饰云气。画面上边刻三角锯齿纹，每隔一个三角皆涂一红色三角。下边刻双横线，在两
线中间绘直径5.5厘米设色相同的三角同心圆10个，圆与圆间隔均为10厘米，排列整齐有序，
圆心涂红色，外圆涂白色，中间涂粉绿色。

执金吾、拥盾门吏

31cm × 117cm × 32cm

　　刻于北前室南门柱南面。画面刻一人，头戴红色帻，身着红边白领黑色长袍，左手执金
吾，右手拥盾，正面端立。门吏面部涂粉红色，脚部涂白色。

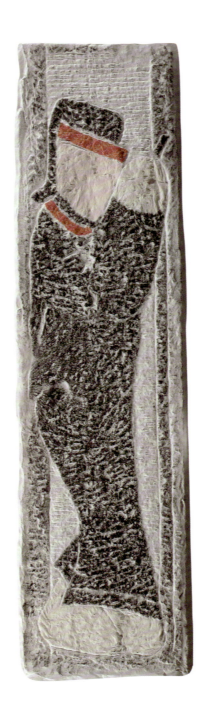

执笏门吏

30cm × 118cm × 32cm

刻于南前室北门柱北面。画面刻一人，戴冠，冠下部饰红带，身着红领黑色长袍，白袖口，双手执笏，侧身而立。人物脸部涂粉红色，脚部涂白色。

龙首

43cm×183cm×31cm

　　刻于前室北过梁南面。画面刻一龙首，巨口露齿，螺纹卷唇，有角有须，肩生双翼，身
披鳞纹。龙的眼、耳、口部涂红色。

龙首

41cm×184cm×33cm

　　刻于前室南过梁南面。画面刻一龙首，巨口露齿，螺纹卷唇，有角有须，肩生双翼，身披鳞纹。龙的眼、耳、口部涂红色。

建鼓舞

143cm × 42cm × 27cm

刻于中后室门楣正面。画面中间刻一建鼓，上饰羽葆，二击鼓人每人各执一桴，身着短衣，辗转于鼓侧，且鼓且舞，左下角置卤。击鼓人短衣下部涂红色。右边刻乐伎，身着红色长襦，右手执排箫吹奏，左手上举。上边饰三角锯齿纹，每隔两个倒置三角涂一红色三角。

白虎铺首衔环

55cm×157cm×6cm

刻于中后室北门扉正面。画面上刻一白虎，昂首张口，弓背翘尾；下刻铺首衔环和三角锯齿纹。虎口和铺首的眼睛涂红色，并用墨笔勾绘铺首眼眶。

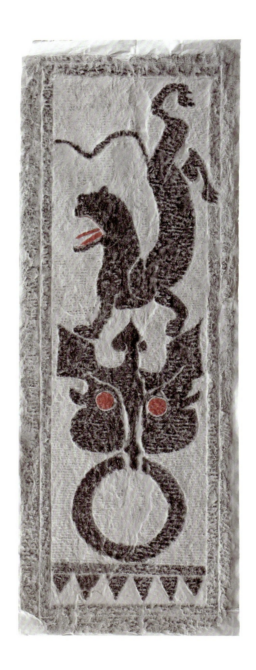

白虎铺首衔环

55cm×156cm×7cm

刻于中后室南门扉正面。画面上刻一白虎，昂首张口，弓背翘尾；下刻铺首衔环和三角
锯齿纹。虎口和铺首的眼睛涂红色，并用墨笔勾绘铺首眼眶。

执笏门吏

55cm × 157cm × 6cm

　　刻于中后室北门扉背面。画面上刻一人，戴冠，下部饰红带，身着红领黑色长袍，双手
执笏，侧身而立。

执笏门吏

55cm × 156cm × 7cm

　　刻于中后室南门扉背面。画面上饰帷幔，下刻一人，戴冠，下饰红带，身着红领长袍，双手执笏，侧身而立。门吏唇部涂红色，脚部涂白色。此画面倒置又刻一人，两人头部相互位于对方的长袍下部，应为错刻。

二兕相斗

117cm × 26cm × 10cm

　　刻于中后室门槛正面。画面刻二兕，披粉绿色毛，尾端分作三歧，弓颈低首，奋力相抵。下饰山峦。二兕眼部涂红色。画面上边刻一道 2 厘米宽的横线，每 10 厘米长涂红色和粉绿色横线，形成了红、绿相间的装饰彩带。

拳勇

145cm × 43cm × 25cm

刻于中前室门楣背面。画面刻二人，徒手搏斗，画中饰云气。

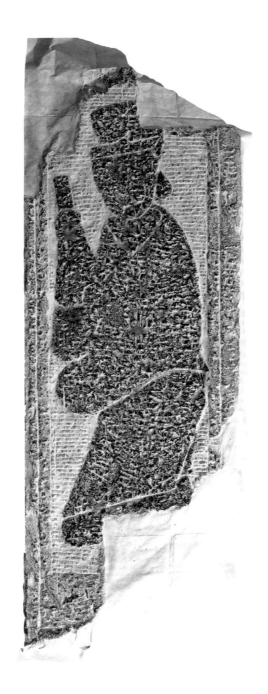

执笏门吏

42cm×118cm×30cm

刻于北后室南门柱南面。画面刻一人，戴冠，身着长袍，双手执笏，侧身而立。

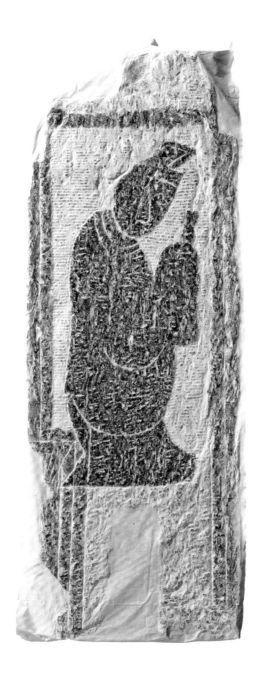

执笏门吏

41cm×117cm×32cm

刻于南后室北门柱北面。画面刻一人，戴冠，身着长袍，双手执笏，侧身跪地，作恭迎状。

应龙

135cm×43cm×32cm

刻于后室北过梁南面。画面上刻应龙，张巨口，长舌伸吐于外，曲颈，展翼，翘尾，呈飞腾状。画中饰山峦和云气。

搏虎

183cm × 42cm × 30cm

刻于后室北过梁南面。画面下刻山峰，左刻一人，头束高髻，身着襦服，双手执长矛向
虎猛刺，虎回首张口，作惊恐欲逃状。山巅有柏树，林中有小鸟飞翔。

兽斗

136cm×42cm×34cm

刻于后室南过梁北面。画面左刻一怪兽，弓颈低首，夹尾。右刻一狮，昂首翘尾，张口
舞爪，戏兽。怪兽背部上方饰云气。

锤击

166cm × 40cm × 32cm

刻于后室南过梁北面。画面左刻一力士，仰首跨步，右手持锤，展臂，作锤击状。右刻
一力士，上身赤裸，下身着短裤，赤足仰卧，右手支头，左手放于胸前。画面左饰山峦。

拥彗小吏

24cm × 73cm × 32cm

刻于北后室南梁柱南面。画面上刻一人，戴帻，身着长袍，双手拥彗，侧身而立。

背囊侍女

46cm × 73cm × 32cm

刻于北后室南梁柱南面。画面上刻两人，一前一后，均头梳高髻，身着长袍，前者双手执一物，后者肩背一囊，侧身，作行走状。

伏羲

24cm × 72cm × 32cm

刻于北后室南梁柱南面。画面上刻伏羲，人首蛇身，戴冠，身着襦服，手执灵芝。

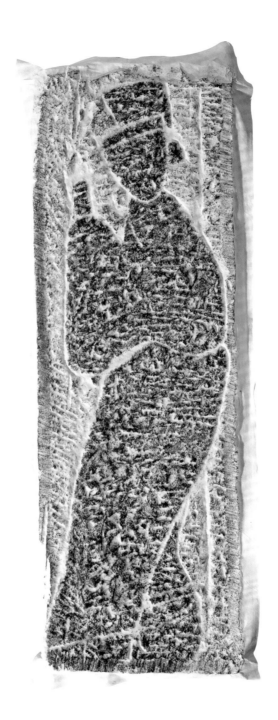

执笏小吏

24cm×73cm×32cm

刻于北后室南梁柱南面。画面上刻一人，戴冠，身着长袍，双手执笏，侧身而立。

执笏小吏

23cm × 72cm × 32cm

刻于南后室北梁柱北面。画面上刻一人，戴冠，身着长袍，双手执笏，侧身而立。

熊

42cm × 73cm × 30cm

刻于南后室北梁柱北面。画面上刻一熊，竖耳直立，瞠目张口，舞爪回首。

拥彗小吏

24cm × 72cm × 32cm

　　刻于南后室北梁柱北面。画面上刻一人，戴帻，身着长袍，双手拥彗，侧身跪地，作恭
迎状。

◎ 画像石墓南室画像 ◎

应龙·羽人射兔

175cm×39cm×25cm

刻于南前室门楣正面。画面左刻一应龙，有角，长舌吐伸，双翼长尾，口部和舌、齿涂红色，作回首奔腾状。其后有一羽人，体前倾，左手执一红色仙草递向应龙，右手上举，接一球状物，追逐应龙。右端另一羽人，右手执弓，跨步急追一兔，兔胸部中一矢。画中饰云气和山峦。画面上边刻三角锯齿纹，每隔两至三个三角皆涂一个红色三角。下边刻双横线，在两线中间绘直径5.5厘米设色相同的三角同心圆九个，圆与圆间隔均为10厘米，排列整齐有序。圆心涂红色，圆外涂白色，中间涂粉绿色。

拥盾门吏

32cm×118cm×30cm

刻于南前室北门柱正面。画面上刻一人，头戴冠，冠下部饰红带，身着红领黑色长袍，双手捧黑盾，正面端立。人物脸部涂土黄色，唇部涂红色，脚部涂白色。

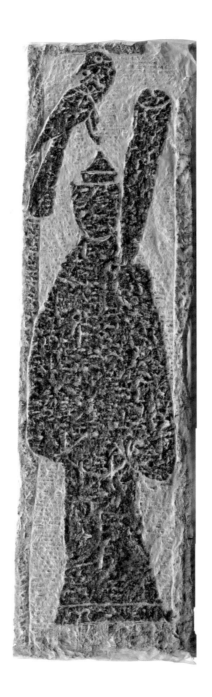

鸟·执金吾门吏

32cm×118cm×30cm

刻于南前室北门柱东面。画面上刻一鸟，眼部涂红色。下刻一人，戴帻，身着长袍，双手执金吾，正面端立。

执笏门吏

30cm × 118cm × 32cm

刻于南前室北门柱南面。画面上刻一人，戴冠，冠下部饰红带，身着红领黑色长袍，白
袖口。双手执笏，侧身而立。人物脸部涂粉红色，脚部涂白色。

执戟门吏

40cm × 160cm × 25cm

刻于南前室南门柱正面。画面上刻一双相衔的环，下刻一人，头戴黑色冠，冠下部饰红带，身着红领、白袖黑色长袍，双手执戟，侧身而立。门吏脸部涂粉红色，脖子和脚部涂白色。

拥彗门吏

25cm×160cm×40cm

刻于南前室南门柱北面。画面刻一人，头戴红色冠，身着红领、白袖口黑色长袍，双手拥白色彗，侧身而立。门吏脸部涂粉红色，唇部涂红色，脚部涂白色。

龙首

41cm×184cm×33cm

　　刻于前室南过梁北面。画面刻一龙首，巨口露齿，螺纹卷唇，有角有须，肩生双翼，身披鳞纹。龙的眼、耳、口部涂红色。

端盘侍女

31cm×118cm×19cm

　　刻于南前室北梁柱正面。画面上刻一侍女，头梳高髻，身着红领长袍，束腰，双手端红
盘而立，盘上放置一食盒和勺。侍女长袍下部涂白色。

舞乐

175cm × 40cm × 27cm

　　刻于南后室门楣正面。画面左刻二乐伎，身着红色长襦，一人右手执排箫吹奏，左手摇鼗鼓；一人双手执管状乐器吹奏。中间一俳优，头梳牛角状发髻，身体半蹲前倾，右手执一弯曲状物。第四人为女伎，高髻，身着短衣，短衣下部涂红色，束腰，挥长袖作踏鼓舞。右边二人，右手均执一物，似为伴唱。画面上部饰红色帷幔。上部边框刻三角纹，每隔一个倒置三角涂红色三角。

拥盾门吏

32cm × 117cm × 41cm

　　刻于南后室北门柱正面。画面上刻"∧"字穿环。下刻一人，戴冠，冠下部饰红带，身着红领长袍，双手拥盾，正面端立。脚部和环涂白色。

白虎铺首衔环

54cm×157cm×7cm

刻于南后室北门扉正面。画面上刻一白虎，昂首张口，弓背翘尾；下刻铺首衔环和三角
锯齿纹。虎口和铺首的眼睛涂红色，用墨笔勾绘铺首眼眶。

白虎铺首衔环

58cm×156cm×7cm

　　刻于南后室南门扉正面。画面上刻一白虎，昂首张口，弓背翘尾；下刻铺首衔环和三角锯齿纹。虎口和铺首的眼睛涂红色，用墨笔勾绘铺首眼眶。

二兕相斗

116cm × 26cm × 6cm

　　刻于南后室门槛正面。画面刻二兕，披粉绿色毛，尾端分三歧，弓颈低首，奋力相抵，下饰山峦，在二兕眼部涂红色。画面上边刻一道 2 厘米宽的横线，每 10 厘米长涂红色和粉绿色横线，形成了红、绿相间的装饰彩带。

六博图

175cm×39cm×25cm

　　刻于南前室门楣背面。画面上刻二人对弈，左一人物，戴冠，袖口卷扬，一手上扬，一手平伸，盘腿坐；中置博盘及樽，上有垂幔；右一人物，戴冠，袖口卷扬，一手上扬，一手平伸，踞坐。

拥彗小吏

31cm×118cm×19cm

刻于南前室北梁柱东面。画面上刻一人，戴冠，身着长袍，双手拥彗，侧身而立。

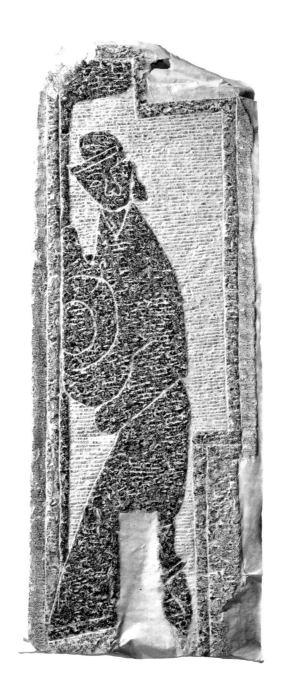

拥彗门吏

41cm×117cm×32cm

刻于南后室北门柱南面。画面上刻一人，戴冠，身着长袍，双手拥彗，侧身而立。

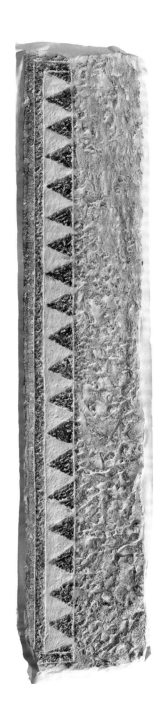

三角锯齿纹

148cm×28cm×27cm

刻于南后室南门柱正面。画面上刻一竖排三角锯齿纹。

拥彗门吏

27cm×148cm×28cm

刻于南后室南门柱北面。画面上刻一人，戴帻，身着长袍，双手拥彗，侧身而立。

执钺神人

54cm×157cm×7cm

　　刻于南后室北门扉背面。部分漫漶。画面上刻一神人，高髻，身着短襦，右手执钺，形
象狰狞。

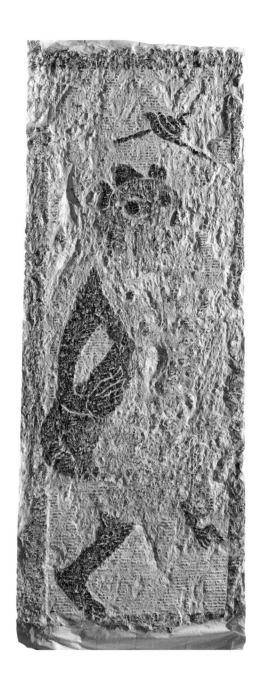

执钺神人

58cm×156cm×7cm

　　刻于南后室南门扉背面。部分漫漶。画面上刻一神人，高髻，身着短襦，左手执钺，形象狰狞。

斗牛

136cm × 42cm × 34cm

刻于后室南过梁南面。画面左刻一力士，右手举锤，左手推掌，与牛拼搏。右刻一牛，怒目弓首，扬蹄，以角前抵。画中饰山峦及云气。

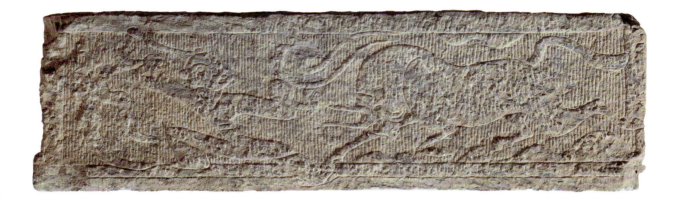

猎犬

166cm × 40cm × 32cm

刻于后室南过梁南面。画面层峦叠嶂，左刻二猎犬，犬体腾空拉成一条直线，猛扑一兔。右边刻一兔，在山间林中疾速奔逃。

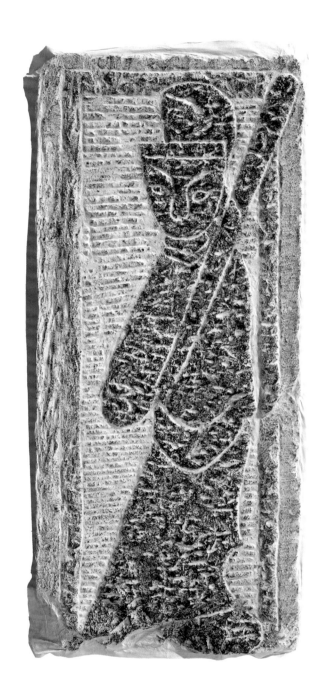

执金吾小吏

32cm × 72cm × 23cm

刻于南后室北梁柱正面。画面上刻一人，戴冠，身着长袍，双手执金吾，侧身而立。

执笏小吏

23cm × 72cm × 32cm

刻于南后室北梁柱南面。画面上刻一人，戴冠，身着长袍，双手执笏，侧身而立。

端灯侍女

30cm × 73cm × 42cm

　　刻于南后室北梁柱正面。画面刻一侍女，头梳高髻，身着长袍，束腰，双手端灯，侧身
而立。

执钺神人

42cm×73cm×30cm

　　刻于南后室北梁柱南面。画面上刻一赤足神人，头束椎髻，面貌凶悍，双手执钺，侧身而立。

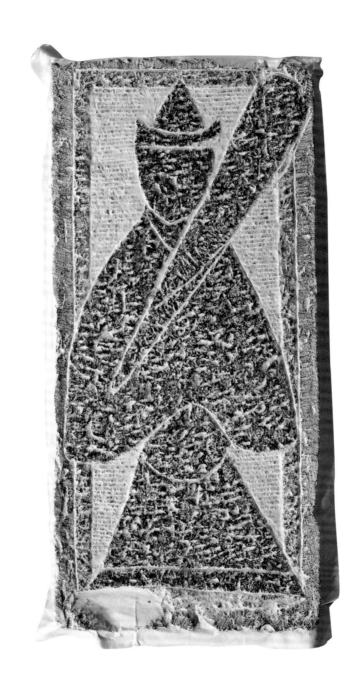

执金吾小吏

32cm×72cm×24cm

刻于南后室北梁柱正面。画面上刻一人，戴帻，身着长袍，双手执金吾，正面端立。

拥彗小吏

24cm×72cm×32cm

刻于南后室北梁柱南面。画面上刻一人，戴帻，身着长袍，双手拥彗，侧身跪地，作恭
迎状。

执笏小吏

33cm × 73cm × 28cm

刻于南后室北梁柱正面。画面上刻一人，戴冠，身着长袍，双手执笏，侧身而立。

◎ 陈棚墓发掘现场照片 ◎

河南南阳陈棚汉代彩绘画像石墓全景

北后室北门扉正面和南门扉正面画像：朱雀铺首衔环　　　　　北后室门楣正面画像：六博图

北后室门槛正面画像：兽斗　　　　　　　　　北后室南门柱正面画像：鸟·捧奁侍女

北前室北门柱南面画像：拥彗门吏　　　　　　北前室北门柱正面画像：熊·执戟门吏

北前室门楣正面画像：拳勇·熊　　　　　　　北前室南梁柱正面画像：执金吾、拥盾小吏

北前室南门柱北面画像：执笏门吏　　　　　北前室南门柱正面画像：拥彗门吏

南后室北门柱正面画像：拥盾门吏　　　　　　　　南后室门扉正面画像：白虎铺首衔环

南后室门楣正面画像：舞乐

南后室门槛正面画像：二兕相斗

南前室门楣正面画像：应龙·羽人射兔

南前室北梁柱正面画像：端盘侍女

南前室北门柱南面画像：执笏门吏　　　　　　　　　南前室南门柱南侧画像：拥彗门吏

南前室南门柱正面画像：执戟门吏　　　　　　　前室南过梁北面画像：龙首

中后室门槛正面画像：二兕相斗

中后室门楣正面画像：建鼓舞

中前室门楣正面画像：牛·狮·兽

中室南门柱正面画像：拥盾门吏

后
记

2001 年 12 月，南阳市文物考古研究所科学发掘了位于南阳市滨河路的陈棚汉代彩绘画像石墓。这是迄今为止南阳市发现的规模较大、保存较好的一座彩绘画像石墓。画像石墓发掘完毕之后画像石移交南阳市汉画馆保存至今。

按照以往的工作惯例，我们对画像石进行了拓片建档，建档拓片全部以墨上色。2013 年春天，我们在整理库房时，看到彩绘画像石上那渐渐褪去的色彩，萌生了保存色彩、复原彩绘的想法。于是，根据记录翔实的考古发掘报告，我们开始着手拓制彩绘画像石拓片。

仔细研读发掘报告，认真调配颜色，不厌其烦地试拓，两个月后，我们交出了自己还算满意的"作品"。这是这本书成书的开端——让大家都能直观欣赏到这种来自汉代的色彩之美。用彩拓的方式来还原和重现画像石的本来面目，不仅是我们的尝试，更希望得到认可和推广。

今天，在本书出版之际，我们有必要在这里感谢发掘这座画像石墓的南阳市文物考古研究所的同志们：参与发掘的闪修山等，撰写发掘报告的蒋宏杰等，拍摄照片的杨晓平等。还要感谢参与拓制、拍摄彩绘拓片的同志们：李真玉、徐颖、闪彬、石红艳、刘玉、王君、周欲晓、梁铱灿、周慕怡、黄欣。也感谢所有参与这项工作的出版社的同志们。

大美无言。愿我们在守护、解读汉代画像石道路上的每一步都是美的历程。

南阳市汉画馆
2015 年 7 月